PROJET

D'UN

ACTE CONSTITUTIONNEL

CONTENANT L'ORGANISATION

D'UN JURY NATIONAL

POUR RENDRE EFFECTIVE

LA RESPONSABILITÉ DES MINISTRES.

PAR A. BOBÉE.

PRIX : 1 FR.

PARIS.

RUE DE SEINE SAINT-GERMAIN, 30.

1848.

PARIS. — IMPRIMERIE LE NORMANT,
rue de Seine, 8.

AVANT-PROPOS.

C'est moins un acte constitutionnel qu'une étude que j'offre aux méditations des hommes sérieux. Je sais qu'il n'est pas donné à un seul homme de rendre parfaite dans toutes ses parties une œuvre de ce genre. Toutefois je ne plaindrai ma peine ni mon temps, si l'on trouve dans ce projet quelque disposition propre à prévenir le retour de révolutions presque périodiques. La France, que désole ce fléau, a eu la gloire de promulguer un Code que lui envient les nations civilisées. Je voudrais qu'elle eût aussi la gloire de promulguer une Constitution si bien élaborée qu'elle pût, en assurant notre bien-être, exciter chez tous les peuples le désir de se l'approprier.

La Charte de 1814, si légèrement retouchée en 1830, ne m'a jamais paru faite pour résoudre ce problème politique : les points les plus importants y avaient été omis, ou n'y étaient qu'une lettre morte. Le développement du système dit personnel, auquel elle se prêtait complaisamment, m'amena, vers la fin de 1846, à rechercher les principales causes du discrédit de la royauté et de ses diverses chutes. Après les événements de février 1848, j'ai voulu me rendre compte de l'instabilité des trois constitutions qui ont été promulguées par nos assemblées nationales. Les personnes à qui j'ai communiqué ces deux écrits, m'ont engagé à compléter l'ensemble de mes observations, en rédigeant un Projet d'Acte constitutionnel. Voilà comme j'ai été conduit à faire un ouvrage auquel les deux précédents devraient naturellement servir d'introduction ; mais, afin d'abréger, je me borne à en extraire les passages qui ont le plus de rapport avec les circonstances.

Après avoir présenté plusieurs rapprochements historiques, et avoir exposé les raisons qui, à mon avis, rendent désormais impossibles, en France, la royauté de droit divin, la la monarchie mixte et la démocratie simple, j'ajoutais :

Ces formes de gouvernement reconnues impraticables, il n'en reste qu'une autre à laquelle il est indispensable de revenir. La démocratie constitutionnelle prospère sous un ciel étranger ; sous le nôtre, elle peut également prospérer en l'appropriant à nos mœurs.

Pour la troisième fois, la France est appelée à se constituer. Moment solennel que la Providence lui a réservé dans les circonstances les plus favorables pour régler ses destinées et peut-être celles du monde ! Si les Français n'évitent pas en 1848 les écueils contre lesquels ont échoué les constitutions de 1791, 1793 et 1795, l'Europe, qui les contemple, dira : C'est la sagesse qui leur a manqué.

Chacune de ces trois constitutions contenait en soi le germe de sa destruction. S'il était permis de conjecturer comment, avec une meilleure organisation, les événements auraient tourné, nous dirions que celle 1795, faite suivant la première intention de ses auteurs, aurait, comme un vaisseau bien construit, résisté à la violence des orages politiques. Le plus dangereux de ces orages, la raison et l'expérience autorisent à le croire, n'aurait point éclaté.

Les hommes forts sont les seuls à craindre : or, en politique, il n'y a que les hommes de génie qui soient forts ; et, quand ils n'entrevoient nullement le point de la possibilité, ils ne conspirent pas. C'est l'espérance du succès qui fait naître des pensées ambitieuses et qui enfante des projets de subversion. Des esprits à grande portée ne prennent pas une fausse lueur pour l'aurore de leur avenir ; ils sentent que ce serait le compromettre en pure perte. Quant aux brouillons qui ont la vue courte avec plus de vanité que de mérite, leurs tentatives ne causent que des entraves, que des émeutes plus propres à les renverser eux-mêmes qu'à renverser un gouvernement bien établi et qui marche avec l'opinion publique.

L'aigle impérial s'est élevé si haut qu'on dira peut-être qu'aucune institution humaine n'en pouvait arrêter le vol. Cela est possible ; mais cela n'est pas prouvé. D'ailleurs on se prémunit contre ce qui est ordinaire, non contre ce qui est extraordinaire, exceptionnel, presque surnaturel. César et Napoléon sont des hommes à part. Nous n'avons point à nous préoccuper de ces héros, ils naissent à deux mille ans l'un de l'autre ; mais, songeons-y, c'est la crainte d'une usurpation royale qui a facilité l'usurpation impériale. Il faut donc écarter cette crainte, il faut qu'en 1848 on proclame une constitution telle que, sans l'oser, on aurait voulu la faire en 1795.

Moins une machine est compliquée, mieux elle fonctionne. La science consiste à supprimer les rouages inutiles. Pour être bonne, une constitution doit être simple.

Jusqu'à ce jour on n'a point considéré le corps électoral comme un pouvoir ; cependant la souveraineté qui réside dans le peuple ne serait qu'un vain mot, si ce corps ne lui donnait la vie et le mouvement ; ce pouvoir est donc le principal : c'est le grand ressort qui, en agissant sur les rouages d'une montre, en fait mouvoir l'aiguille.

Pour être efficace, l'action du pouvoir électoral doit être directe et sincère.

Pour être efficace, l'action du pouvoir législatif doit être libre et dégagée de toute préoccupation étrangère aux lois.

Pour être efficace, l'action du pouvoir exécutif doit être prompte et forte, ce qui équivaut à dire que tous les moyens d'exécution doivent être réunis dans une seule main.

Ainsi trois pouvoirs fondamentaux distincts, séparés, rigoureusement renfermés dans le cercle de leurs attributions. A la science à tirer des principes les déductions nécessaires pour imprimer à chacun de ces pouvoirs l'action qui lui est propre. Après tant d'expériences successives, si l'Assemblée nationale qui siége aujourd'hui ne prenait la ferme résolution de surmonter toutes les difficultés, elle tomberait au-dessous des précédentes.

Passant ensuite de l'examen des faits à l'examen des constitutions de 1791, 1793 et 1795, je terminais ainsi :

Plusieurs observations naissent de ces examens et des épreuves que nous avons subies.

La dernière prouve que le suffrage universel est possible ; mais il faut l'organiser de manière à ce que ce vigoureux ressort agisse assez souvent pour ne pas se rouiller, et de manière à ce qu'on ne puisse le fausser.

L'intrusion de la politique dans la magistrature de droit commun la déconsidère ; le népotisme déconsidère les membres des pouvoirs et les pouvoirs mêmes ; c'est un abus auquel il importe de remédier.

Le rejet du budget est un moyen extrême que le corps législatif n'ose employer ; il faut en trouver un autre pour assurer l'exécution des lois et pour rendre effective la responsabilité des ministres.

Il y a eu plusieurs usurpateurs, il n'y a encore eu qu'un Washington. Le pouvoir exécutif doit, pour le maintien de l'ordre et de la sûreté publique, être établi de manière à être fort, très-fort ; mais aussi de manière à ôter toute idée d'usurpation.

Il n'est pas juste que le citoyen qui dévoue trente ans de son existence à servir sous les drapeaux, soit moins rétribué que le citoyen qui consacre trente ans de la sienne à servir dans les bureaux d'une administration ; les grades et les rangs doivent être assimilés ; les traitements et les pensions de retraite doivent être au même taux.

Enfin une constitution doit, au premier coup d'œil, être comprise de tout le monde ; il faut que, sans contention d'esprit, tout le monde en puisse saisir la portée politique, et discerner les dispositions réellement constitutives de celles qui n'ont pas ce caractère dans toute son essence. Du mélange de ces dispositions différentes dans chaque matière résulte une espèce de confusion d'autant plus fâcheuse que les unes doivent être invariables, et que les autres sont sujettes aux modifications que nécessitent les progrès ou les exigences de l'avenir. Quand il devient indispensable de retoucher aux parties secondaires, on risque d'être entraîné à retoucher aux parties fondamentales et à faire crouler l'édifice constitutionnel. Il serait prudent de séparer ces deux parties.

Telles sont les bases d'après lesquelles j'ai rédigé un Projet d'Acte constitutionnel.

14 juin 1848.

PROJET D'UN ACTE CONSTITUTIONNEL.

Déclaration des droits et des devoirs de l'homme et du citoyen.

Tous les devoirs et tous les droits dérivent de ces deux principes gravés par Dieu dans le cœur de l'homme :

Ne faites pas à autrui ce que vous ne voudriez pas qu'on vous fît.

Faites constamment aux autres le bien que vous voudriez en recevoir.

Point de droits sans devoirs.

Celui qui croit avoir des droits sans avoir des devoirs est dans l'erreur.

Celui qui voudrait jouir de ses droits sans remplir ses devoirs serait un mauvais citoyen.

En conséquence, l'Assemblée Nationale, convaincue qu'il importe de propager de saines notions sur les droits et sur les devoirs de l'homme et du citoyen, proclame, au nom du Peuple français, les maximes suivantes :

Droits.

La dignité de l'homme exige qu'il se pénètre du sentiment de ses droits.

1. Les droits de l'homme en société sont la liberté, l'égalité, la sûreté, la propriété.

2. La liberté consiste à pouvoir faire ce qui ne nuit pas aux droits d'autrui.

3. L'égalité consiste en ce que la loi est la même pour tous, soit qu'elle protège, soit qu'elle punisse. — L'égalité n'admet aucune distinction de naissance, aucune hérédité de pouvoirs, aucun privilége qui rende les fonctions publiques inaccessibles à tous les citoyens.

4. La sûreté résulte du concours de tous pour assurer les droits de chacun.

5. La propriété est le droit de jouir et de disposer de ses biens, de ses revenus, du fruit de son travail et de son industrie.

6. Nul ne peut être contraint à faire ce que la loi n'ordonne pas.

7. Nul ne peut être appelé en justice, accusé, arrêté ni détenu que dans les cas déterminés par la loi, et selon les formes qu'elle a prescrites.

8. Ceux qui sollicitent, expédient, signent, exécutent ou font exécuter des actes arbitraires, sont coupables et doivent être punis.

9. Toute rigueur qui ne serait pas nécessaire pour s'assurer de la personne d'un prévenu, doit être sévèrement réprimée par la loi.

10. Nul ne peut être jugé qu'après avoir été entendu ou légalement appelé.

11. La loi ne doit décerner que des peines strictement nécessaires et proportionnées au délit.

12. Tout traitement qui aggrave la peine déterminée par la loi est un crime.

13. Tout homme peut engager son temps et ses services ; mais il ne peut ni se vendre ni être vendu : sa personne n'est pas une propriété aliénable.

14. Toute contribution doit être établie pour l'utilité générale et répartie entre les contribuables en proportion de leurs facultés.

15. La souveraineté réside essentiellement dans l'universalité des citoyens.

16. Nul individu, nulle réunion partielle de citoyens ne peut s'attribuer la souveraineté.

17. Chaque citoyen, en contribuant aux dépenses publiques, acquiert le droit de nommer les représentants qui les déterminent et les décrètent.

18. La garantie sociale n'existe pas, quand la division des pouvoirs n'est pas établie, quand leurs limites ne sont pas fixées, et quand la responsabilité des ministres et de leurs agents n'est pas assurée.

Devoirs.

Le maintien de la société demande que ceux qui la composent connaissent et remplissent leurs devoirs ; si la majorité des citoyens refusait de les accomplir, ce refus entraînerait une ruine générale et l'anéantissement de l'ordre social.

1. Les devoirs de chacun envers la société consistent à la défendre, à la servir, à supporter sa part dans les charges

communes, à vivre soumis aux lois, et à respecter ceux qui en sont les organes.

2. Les citoyens doivent s'abstenir de tout acte illégal.

3. Nul ne peut, sans autorisation légale, exercer aucune autorité, ni remplir aucune fonction publique.

4. Les fonctions publiques ne peuvent devenir la propriété de ceux qui les exercent.

5. Nul ne doit se faire justice lui-même ; les citoyens ne peuvent que requérir justice.

6. Nul, hors le cas de légitime défense, ne peut opposer la force à la force.

7. Le cas de légitime défense n'a lieu que quand, pour se garantir d'une attaque, il est impossible de demander main forte et assistance.

8. Quiconque est arrêté en vertu d'un ordre légal, doit obéir à l'instant même.

9. Quiconque est arrêté sans ordre légal, doit se faire conduire devant l'autorité, et requérir la punition de l'agent prévaricateur.

10. Celui qui viole ouvertement les lois se déclare en état de guerre contre la société.

11. Celui qui, sans enfreindre ouvertement les lois, les élude par ruse ou par adresse, blesse les intérêts de tous les citoyens et se rend indigne de leur bienveillance et de leur estime.

12. Nul ne peut, sans nuire à l'intérêt général, ni refuser le payement des contributions légalement établies, ni dissimuler ses facultés pour en obtenir la réduction ou la décharge.

13. Tout citoyen doit non-seulement s'abstenir de violer une propriété publique ou privée, mais concourir à en empêcher la violation.

14. La violation du droit de propriété est non-seulement un acte illégal, mais un mal public ; car c'est sur le respect de ce droit que reposent la culture des terres, l'industrie, le commerce, tout moyen de travail, la subsistance de l'homme en société, et la société même.

15. Tout citoyen doit ses services à la patrie et au maintien de la liberté, de l'égalité, et de l'ordre toutes les fois que la loi l'appelle à les défendre.

16. Tout citoyen, pour les défendre, doit, avec zèle et franchise, se joindre aux autres ; car c'est l'union qui fait la force.

17. Nul n'est bon citoyen, s'il n'est bon fils, bon père, bon époux, bon frère, bon ami, fidèle observateur de ses devoirs.

18. L'homme se dégrade par l'inobservation de ses devoirs; il s'ennoblit par son exactitude à les remplir, et trouve dans l'estime publique la plus précieuse des récompenses.

N. B. ¶ Ce signe indique qu'il y a sur le même sujet des dispositions non permanentes. — Le chiffre indique l'article.

TITRE PREMIER.

DISPOSITIONS PERMANENTES.

Souveraineté.

1. La souveraineté réside dans le Peuple français.

2. Le Peuple français n'en délègue que l'exercice.

3. L'exercice en est délégué :
1° Au pouvoir électoral;
2° Au pouvoir législatif;
3° Au pouvoir exécutif.

4. Ces trois pouvoirs sont et demeurent distincts.

5. Est coupable de forfaiture tout membre de l'un de ces trois pouvoirs qui s'immisce dans les attributions des deux autres.

Territoire français.

6. Le territoire français est un et indivisible.

7. Aucune des parties dont il se compose ne peut en être détachée que par une loi spéciale.

8. Le territoire français se compose :
1° De la France;
2° De l'Algérie;
3° Des colonies et de toutes les possessions outre mer, en quelque partie du monde qu'elles soient situées, sur lesquelles le Peuple français a un droit de souveraineté. ¶ 1.

9. Le territoire est partagé :
1° En départements;
2° En arrondissements;
3° En cantons;
4° En communes.

Pouvoir électoral.

10. L'exercice du pouvoir électoral est délégué aux assemblées des électeurs.

11. Sont électeurs 1° tous les citoyens, français de naissance ou par naturalisation, âgés de vingt et un ans accomplis,

jouissant des droits civils et civiques, et portés pour une somme quelconque sur le rôle de l'une des trois contributions immobilière, mobilière ou personnelle. — Tout citoyen a droit de requérir d'y être inscrit. — L'inscription ne confère qu'après six mois le droit de voter.

2° Tous les citoyens sous les drapeaux et en activité de service, pourvu qu'ils soient âgés de vingt ans accomplis.

12. Sont suspendus des droits électoraux :

1° Les citoyens âgés de moins de vingt-cinq ans qui ne savent ni lire ni écrire;

2° Les citoyens sous les drapeaux, qui servent par punition dans les bataillons de discipline;

3° Les commerçants en état de faillite légalement déclarée;

4° Les électeurs légalement convaincus d'avoir vendu ou acheté un suffrage, pour un temps déterminé par le jugement.

13. Sont privés des droits électoraux :

1° Les interdits ;

2° Les faillis non concordataires qui n'ont pas été déclarés excusables ;

3° Les électeurs légalement convaincus d'avoir vendu ou acheté un suffrage, en cas de récidive ;

4° Les repris de justice, même après grâce ou expiration de la peine.

14. La réintégration dans les droits électoraux ne peut être demandée qu'après un jugement qui lève l'interdiction ou qui prononce la réhabilitation.

Corps électoral.

15. Le corps électoral se partage :
1° En assemblées départementales ;
2° En assemblées cantonnales ;
3° En assemblées communales.

16. Le ministre de l'intérieur est tenu de convoquer :
1° Les assemblées départementales le 15 octobre au plus tard de chaque année ;
2° Les assemblées cantonnales dans le mois d'avril de chaque année.

Les assemblées communales sont convoquées par l'autorité départementale ou par le maire de la commune.

Les lettres de convocation doivent en indiquer l'objet.

17. Les assemblées départementales nomment :
1° Les membres du corps législatif;
2° Les membres du jury national;
3° Les membres du conseil départemental.

Les assemblées cantonnales nomment les membres du conseil d'arrondissement.

Les assemblées communales nomment les membres du conseil communal.

Tenue des assemblées.

18. Chaque assemblée départementale se fractionne en autant de sections qu'il y a de cantons dans le département.

19. Chaque section est présidée par le maire du canton. — Les membres du conseil communal sont scrutateurs. — Ils peuvent prendre des adjoints.

20. Sous les drapeaux, chaque section est présidée par le commandant du corps ou par son délégué. — Sont scrutateurs un officier et un sous-officier de chaque grade, assistés d'au moins quatre électeurs non gradés, tous délégués par leurs frères d'armes.

21. Le président a droit de police dans la salle d'assemblée.

22. Le président et les scrutateurs délibèrent sur les difficultés et les résolvent à la majorité. — Ils sont tenus d'en faire mention dans le procès-verbal.

23. Dans les communes où le nombre d'électeurs est trop considérable pour ne former qu'une assemblée, la section se subdivise, et le maire délègue la présidence de chaque subdivision à l'un des membres du conseil communal.

24. Les assemblées cantonnales et communales se tiennent comme les sections des assemblées départementales.

25. Aucune assemblée ne peut s'occuper d'un autre objet que celui pour lequel elle est convoquée.

26. Nul ne peut entrer dans la salle d'assemblée s'il n'est muni d'une carte d'électeur.

Cartes électorales.

27. Les cartes électorales sont établies :

1º Dans chaque canton ou commune, d'après le rôle de l'une des trois contributions immobilière, mobilière et personnelle ;

2º Sous les drapeaux, d'après le rôle de chaque corps.

28. Chaque carte doit indiquer le nom de l'électeur, ses prénoms et qualifications, la date de sa naissance et le lieu de sa demeure, ainsi que l'endroit où se tient l'assemblée.

Vote.

29. Chaque électeur vote au chef-lieu du canton où il réside depuis six mois. — A défaut de six mois de résidence, il doit se faire inscrire au chef-lieu du canton de son dernier domicile ; il ne peut voter en nul autre canton.

30. Nul, sous peine de forfaiture, ne peut voter deux fois dans la même section ou dans deux sections différentes.

Dépouillement des votes.

31. Le dépouillement des votes se fait :

1º Dans les chefs-lieux de canton, par les président et scrutateurs de l'assemblée. — Les électeurs peuvent y assister et surveiller l'opération ;

2º Sous les drapeaux, par les officiers, sous-officiers et électeurs non gradés, composant le bureau de l'assemblée.

32. Le dépouillement partiel des votes est envoyé par le président de chaque section au maire du chef-lieu du département auquel appartiennent les électeurs.

33. Le maire du chef-lieu de département, avec l'assistance des scrutateurs, procède au dépouillement général des votes et en proclame le résultat.

34. Aussitôt que le résultat est proclamé, l'assemblée est dissoute, et le procès-verbal est envoyé au ministre de l'intérieur.

Réunions préparatoires.

35. Depuis le 15 octobre jusqu'au jour de l'élection, les électeurs du même département peuvent se réunir pour s'éclairer sur le choix des candidats ; mais ils ne peuvent s'affilier à ceux d'un autre département, ni d'aucune manière imposer leur choix à leurs coélecteurs.

36. Les électeurs ne peuvent se constituer eux-mêmes en assemblées électorales, sous peine de nullité des opérations et de forfaiture des délinquants.

Pouvoir législatif.

37. L'exercice du pouvoir législatif est délégué au tribunat et au sénat.

38. Les membres du corps législatif ne peuvent déléguer à personne et en aucun cas aucune des fonctions qui leur sont attribuées.

39. Il y a incompatibilité entre leur qualité et l'exercice d'une autre fonction publique.

40. Les membres du corps législatif ne sont pas représentants du département qui les a nommés, mais de la nation entière.

41. Ils reçoivent durant chaque session une indemnité dont le montant par jour est fixé au renouvellement de chaque législature et pour sa durée.

42. Cette indemnité est la même pour tous les membres. — Aucun ne peut y renoncer.

43. Les citoyens qui sont ou qui ont été membres du corps législatif ne peuvent être recherchés, accusés ni jugés en aucun temps pour ce qu'ils ont dit ou écrit dans l'exercice de leurs fonctions.

44. Les membres du corps législatif, depuis le moment de leur nomination jusqu'au trentième jour après la clôture de chaque session, ne peuvent être arrêtés hors le cas de flagrant délit, ni mis en jugement avant que le corps auquel ils appartiennent n'ait autorisé les poursuites.

45. Dans le cas d'arrestation en flagrant délit, les poursuites ne peuvent avoir lieu qu'après que la mise en jugement a été proposée. — L'arrestation doit, à peine de nullité, être dans les trois jours notifiée au président du corps auquel appartient le prévenu.

46. Sauf en matière civile et commerciale, les membres du corps législatif ne peuvent être traduits que devant le jury national.

47. Le corps législatif se réunit chaque année le 15 novembre, au lieu indiqué par la convocation. — A défaut de convocation, il se réunit au lieu de la dernière session.

48. Si les assemblées départementales n'ont pas été convoquées à l'effet de nommer aux siéges vacants, le corps législatif, constitué en assemblée nationale, les convoque et met en jugement le ministre de l'intérieur. — Le sénat et le tribunat se constituent en assemblée nationale en se réunissant dans la même salle. — L'assemblée nationale rend des décrets à la majorité des trois cinquièmes des votants.

49. Dans ce cas il ne peut ni délibérer ni faire aucun autre acte. — Il s'ajourne à la huitaine du jour fixé pour les élections.

50. Pour la sûreté du corps législatif, chaque département envoie au lieu où il siége une compagnie de gardes nationaux mobiles, dont il est formé des légions dites départementales.

Législature.

51. La durée d'une législature est de cinq ans consécutifs, sauf le cas de dissolution. — En ce cas, le corps législatif se sépare immédiatement.

52. Le décret qui proclame la dissolution doit convoquer les assemblées départementales dans le délai de trente jours, et le corps législatif dans le délai de cinquante.

53. A défaut de convocation dans les délais prescrits, le sénat et le tribunat se réunissent en assemblée nationale,

mandent à leur barre le directeur, et traduisent devant le jury national les ministres signataires du décret.

54. Si l'assemblée nationale ne juge pas satisfaisantes les explications du directeur, elle le dépose. — Le directeur adjoint, saisi du pouvoir exécutif, invite le sénat et le tribunat à reprendre leurs travaux, ou rend un décret de dissolution en forme régulière.

Session.

55. La durée de chaque session est de quatre mois. — Elle ne peut être prorogée au-delà du 15 mars qu'en vertu d'un décret rendu en forme de loi.

56. Le sénat et le tribunat siégent toujours dans la même commune, mais en des salles séparées. — Leurs séances sont publiques. ¶ 2.

57. Le corps législatif ne peut délibérer en présence du directeur, ni dans la séance d'ouverture. — Cette séance n'a lieu qu'à l'effet d'écouter la lecture du message. — Il n'est pas voté d'adresse en réponse.

58. Le sénat et le tribunat ne peuvent se former en assemblée nationale que dans les cas prévus par la constitution. — Dans ces cas ils ne peuvent délibérer que sur l'objet qui a donné lieu à leur réunion.

59. Le sénat et le tribunat ont chacun :

1° Le droit de nommer les membres de leur bureau. — Les président, vice-présidents et secrétaire ne peuvent être élus que pour trente jours ;

2° Le droit de se former en comités, dont les membres sont tous les mois tirés au sort. — Aucune commission ne peut être permanente. — Toute commission nommée pour un objet spécial est dissoute aussitôt qu'il a été statué sur cet objet ;

3° Le droit de police dans le lieu de leurs séances et dans le périmètre extérieur qu'ils déterminent au renouvellement de chaque législature ;

4° Le droit de police sur leurs membres. — Ils peuvent demander leur suspension au jury national.

60. Tout membre du corps législatif suspendu de ses fonctions ne peut plus siéger ni toucher l'indemnité. — Il est réputé démissionnaire.

61. Sont déchus de leur droit à l'indemnité les membres du corps législatif qui, durant une session, s'absentent plus de quinze jours sans congé. — Sont réputés démissionnaires ceux qui s'absentent plus de trente jours sans congé. — Les démissionnaires sont remplacés lors des élections.

62. Le sénat et le tribunat ont chacun le droit de faire des propositions, de les adopter, de les amender ou de les rejeter. —Toute proposition amendée est de nouveau soumise au corps qui l'a faite.

63. Les propositions adoptées par les deux corps ne deviennent lois qu'après la promulgation. — L'intitulé des lois doit énoncer la date des délibérations, du vote des deux corps et celle de la promulgation. — En cas d'omission de l'une de ces dates, elles ne peuvent être scellées.

64. Les corps ne correspondent entre eux que par l'intermédiaire des messagers d'état. — Ils correspondent par députation avec le directeur.

65. Leurs membres ne peuvent apostiller aucune demande ni faire aucune sollicitation.

66. Aussitôt que la clôture de la session est prononcée suivant les formes constitutionnelles, le corps législatif se sépare.

67. La clôture de l'un des corps entraîne la clôture de l'autre. — La dissolution de l'un entraîne également la dissolution de l'autre.

Tribunat.

68. Le nombre des tribuns est indéterminé. — Chaque assemblée départementale nomme autant de tribuns que le département compte de fois cent mille âmes. — Toute fraction au-dessous de cinquante mille est réputée nulle. —Toute fraction au-dessus de cinquante mille compte pour cent mille. ¶3.

69. Pour être tribun, il faut être électeur et âgé de vingt-cinq ans révolus.

70. Le cinquième du nombre total des tribuns sort chaque année. — A la fin de chaque session, les tribuns de chaque département tirent au sort les noms de ceux dont les fonctions doivent expirer. — Leurs fonctions durent jusqu'à l'élection suivante. — Le tirage au sort n'a lieu qu'entre les tribuns élus au commencement de chaque législature. — Toute fraction au-dessous de cinq compte pour cinq. — Les démissionnaires font partie du cinquième sortant.

71. Le tribunat ne peut délibérer que quand les quatre cinquièmes de ses membres sont présents.

72. Les décisions sont prises à la majorité des trois cinquièmes des votants.

Sénat.

73. Le sénat se compose :

1º De membres élus ;

2º De membres qui en font partie de droit :

3° De membres admis sur présentation.

74. Le nombre des membres non élus ne peut excéder les neuf dixièmes des membres élus.

Membres élus.

75. Chaque assemblée départementale nomme autant de sénateurs que le département compte de fois trois cent mille âmes. — Toute fraction au-dessous de cent cinquante mille est réputée nulle. — Toute fraction au-dessus de cent cinquante mille compte pour trois cent mille. ¶ 4.

Néanmoins les départements qui auraient moins de trois cent mille âmes nomment chacun un sénateur.

Membres de droit.

76. Sont de droit membres du sénat :

1° Les citoyens qui ont été directeurs et directeurs adjoints ;

2° Ceux qui ont été trois ans ministres en une ou plusieurs fois ;

3° Ceux qui ont été dix ans chefs de l'administration d'un département ;

4° Les maréchaux et amiraux de France.

Membres admissibles.

77. Sont admissibles sur présentation par trois membres :

1° Les citoyens qui ont été chefs de grandes administrations publiques ou chefs de division dans l'un des départements ministériels, pourvu qu'ils comptent vingt ans de service administratif ;

2° Les membres titulaires des parquets, pourvu qu'ils comptent vingt ans de service judiciaire. — Les substituts ne sont pas réputés titulaires ;

3° Les agents diplomatiques après vingt ans de service ;

4° Les généraux, amiraux, capitaines de vaisseau qui ont commandé des escadres ou qui ont été gouverneurs de l'une des colonies, en retraite ou démissionnaires ;

5° Les membres de l'Institut et ceux de l'instruction publique secondaire, en retraite ou démissionnaires ;

6° Les citoyens qui ont été membres du corps législatif ou du jury national.

78. Le sénat vote au scrutin secret sur chaque présentation.

79. Le sénat ne peut délibérer que quand les trois cinquièmes de ses membres sont présents.

80. Les décisions sont prises à la majorité des trois cinquièmes des votants.

81. Le sénat se renouvelle à chaque législature.

82. Pour être sénateur il faut être électeur et âgé de quarante ans révolus.

1...

Pouvoir exécutif.

83. L'exercice du pouvoir exécutif est délégué dans toute sa plénitude à un directeur. — A son défaut, à un directeur adjoint.

84. Aussitôt après son installation, le directeur en est saisi.

85. Le siége du gouvernement est à Paris. — Momentanément et en cas d'urgence, il peut être transporté dans une autre ville.

86. La personne du directeur est inviolable. — Tout complot, toute tentative de violence contre lui est réputée attentat contre la République.

87. A lui seul ressortit toute l'administration.

88. Il est irresponsable; mais ses actes, excepté pour la nomination des ministres, ne sont exécutoires qu'autant qu'ils sont revêtus de la signature d'un ministre responsable.

89. Il peut en tout temps convoquer ou dissoudre le corps législatif.

90. Il ouvre chaque session soit en personne, soit par un message dont un des ministres donne lecture.

91. Il partage l'initiative des lois. — Les propositions faites en son nom sont soutenues par les ministres.

92. Il a dix jours francs pour délibérer sur les projets de loi adoptés par le sénat et par le tribunat.

93. Sa décision sur chaque projet est manifestée par ces mots signés de sa main ; *Je promulgue ;* ou bien : *Je ne promulgue pas.*

94. Il nomme et révoque à volonté, en se conformant aux lois et sauf le cas d'inamovibilité :

1° Les ministres ;

2° Les fonctionnaires publics de l'ordre judiciaire et de l'ordre administratif ;

3° Les agents diplomatiques. — Il négocie les traités de paix et de commerce; mais il ne peut les ratifier qu'après les avoir soumis au corps législatif.

95. Il confère, en se conformant aux lois, les grades dans la garde nationale active et mobile, nomme aux emplois dépendant du service militaire, dispose de la force armée, nomme les généraux en chef des armées; mais il ne peut en prendre le commandement. — Il déclare la guerre. — Toute déclaration de guerre entraîne l'ouverture du corps législatif.

96. Il décerne les décorations en se conformant aux lois.

97. Au nom du peuple français, il commue les peines et fait grâce. ¶ 3.

98. Il ne peut conférer aucun grade et aucune fonction publique ni à ses ascendants et descendants, ni à ses collatéraux, neveux, cousins germains et issus de germain, ni à ses alliés au même degré.

99. Les membres de sa famille et leurs alliés au degré prohibé qui, au moment de son élection, se trouveraient en grade ou en exercice de fonctions publiques, ne peuvent obtenir d'avancement que par droit d'ancienneté, conformément aux lois en vertu desquelles ce droit existe.

100. Le directeur adjoint et les membres de sa famille sont soumis aux mêmes interdictions.

Durée du directoriat.

101. La durée du directoriat est de quatre année consécutives. — En cas de décès du directeur, ou de toute autre cause permanente d'empêchement absolu, le directeur adjoint est aussitôt saisi du pouvoir exécutif et l'exerce seul jusqu'à l'expiration du directoriat. — Dans les cas d'empêchement temporaire, il n'en est saisi que momentanément et sur l'invitation signée du directeur ou des ministres.

Droits du directeur et du directeur adjoint.

102. Le directeur et le directeur adjoint sont logés et meublés aux frais de l'Etat. — Ils reçoivent un traitement qui est fixé pour chaque directoriat par le corps législatif dans la session qui précède l'élection. — Les légions départementales leur fournissent un poste d'honneur.

103. Le directeur demeure au siége du gouvernement. — Quand il sort, il a une escorte. — Partout où il séjourne flotte le drapeau national, et il a une garde. — Tous les honneurs militaires lui sont dus.

104. Le directeur adjoint peut assister aux délibérations du corps législatif. — On lui présente les armes. ¶ 5.

Élection du directeur et du directeur adjoint.

105. Un mois avant la clôture de la session après laquelle vient à expirer la durée du directoriat, le ministre de l'intérieur ou, à son défaut, le corps législatif constitué en assemblée nationale, convoque une assemblée dite élective composée :

1° Des membres du corps législatif ;

2° Des membres du jury national ;

3° Des membres des conseils départementaux. ¶ .

106. L'assemblée élective a pour président et vice-présidents le président du sénat et ceux du tribunat et du jury national.

107. Les scrutateurs sont tirés au sort en nombre égal

parmi les membres du sénat, du tribunat, du jury national et des conseils départementaux.

108. L'élection doit être faite sans désemparer et sans communication avec le dehors.

109. Le directeur peut être réélu. — En cas de réélection, il ne peut l'être une seconde fois ni avoir pour successeur aucun membre de sa famille et de ses alliés au degré prohibé.

110. Nul ne peut être directeur adjoint s'il est parent ou allié du directeur au degré prohibé. — Il est toujours rééligible.

111. Le directeur sortant est légalement dessaisi du pouvoir exécutif au moment de l'élection. — Le conseil des ministres l'exerce au nom du nouveau directeur jusqu'au jour de son installation. ¶ 6.

Ministres.

112. Les affaires qui ressortissent au pouvoir exécutif sont partagées en départements.

113. Les affaires attribuées à chaque département sont dirigées par un ministre responsable. — Nul ne peut être ministre sans département.

114. Les ministres se réunissent en conseil pour donner de l'ensemble à leurs mesures et pour délibérer sur les affaires d'un intérêt général. — Le président du conseil est nommé parmi eux par le directeur. — Le directeur peut faire tenir le conseil en sa présence, y prendre la parole, mais il ne peut le présider. — Chaque ministre, en ce qui concerne son département, doit exécuter les mesures arrêtées en conseil.

115. Les ministres ne peuvent être membres du corps législatif. — Ils assistent à ses délibérations, prennent la parole et soutiennent les débats. — Avant de les clore on peut leur répliquer.

116. Les fonctionnaires publics et les agents de l'autorité sont chacun subordonnés au ministre dont ils relèvent. — Ils ne sont tenus d'exécuter que des ordres écrits.

117. Les administrations publiques, nonobstant leur spécialité, dépendent toutes de l'un des départements ministériels. ¶ 6 et 7.

118. La responsabilité des ministres descend depuis eux jusqu'au dernier de leurs agents et remonte jusqu'à eux. — L'agent porteur d'un ordre écrit n'est responsable que quand il a outrepassé l'ordre ou qu'il l'a exécuté d'une manière illégale. — L'exécution des lois est garantie par leur responsabilité.

119. Sont applicables aux ministres et à leurs familles les articles 98 et 99. — Toute contravention à ces articles est réputée cas de forfaiture. — Les ministres qui ont signé ou fait ces promotions inconstitutionnelles et ceux qui en ont profité sont traduits devant le jury national, soit par le sénat ou par le tribunat, soit par le conseil des comptes, soit par le jury d'enquête, soit par tout citoyen qui en a connaissance.

120. Tout fait ou tout acte qui engage la responsabilité des ministres et de leurs agents est prescrit par cinq années révolues. — La prescription commence à courir du jour où le fait a été accompli.

Conseils et corps administratifs dans les départements territoriaux.

121. Il y a dans chaque département territorial :

1º Un conseil dont les membres sont élus par les assemblées départementales, et sortent par cinquième chaque année comme les membres du tribunat. — Le conseil départemental élit son président parmi ses membres ;

2º Une administration centrale du département dont les agents sont nommés par le directeur. — Le chef de cette administration correspond avec les ministres.

Il y a dans chaque arrondissement :

1º Un conseil dont les membres sont élus par les assemblées cantonnales et sortent par cinquième chaque année. — Le conseil élit son président parmi ses membres ;

2º. Une administration centrale d'arrondissement dont les agents sont nommés par le directeur. — Le chef de cette administration correspond avec le chef de l'administration départementale.

Il y a dans chaque commune :

1º Un conseil communal dont les membres sont élus par les assemblées communales et sortent par cinquième chaque année. — Le conseil communal nomme parmi ses membres un président et un ou plusieurs vice-présidents ;

2º Une administration communale composée du président du conseil, qui prend le titre de maire, et des vice-présidents, qui prennent le titre d'adjoints. — Le maire et les adjoints gèrent les affaires de la commune. — Ils remplissent les fonctions d'officiers de l'état civil. — Ils exercent l'autorité locale. — Leurs fonctions ne durent qu'une année. — Ils sont toujours rééligibles. — Ils correspondent avec le chef de l'administration d'arrondissement. ¶ 8.

122. Les chefs des administrations départementales peuvent suspendre les maires et les adjoints. — Quand le ministère maintient la suspension, l'autorité locale passe aux membres

du conseil qui, eux exceptés, ont obtenu le plus de voix —
Le maire et les adjoints conservent leurs titres, la gestion des
affaires communales et la qualité d'officiers de l'état civil.

123. Les attributions de ces trois conseils sont ainsi fixées :

1º. Le conseil départemental contrôle les actes de l'administration du département, délibère sur les affaires du département, en vote le budget, arrête les comptes des exercices
clos et exprime les besoins et les vœux du département. —
Ses séances sont publiques.

2º. Le conseil d'arrondissement contrôle les actes de l'administration de l'arrondissement et en exprime les besoins et
les vœux qu'il transmet au conseil de département. — Ses
séances sont publiques.

3º. Le conseil communal délibère sur les affaires de la commune, en vote le budget, arrête le compte des exercices clos
et transmet au conseil d'arrondissement l'expression des vœux
et des besoins de la commune. — Le maire et les adjoints en
sont les agents exécutifs. — Ses séances ne sont pas publiques.

124. Il y a dans les colonies, outre ces trois conseils, un
conseil colonial.— Le conseil colonial reçoit les observations des
autres conseils, délibère sur les affaires de la colonie, en vote le
budget, arrête les comptes des exercices clos, transmet au corps
législatif et au ministre de la marine l'expression des vœux et
des besoins de la colonie. — Le conseil colonial se renouvelle
comme le tribunat. — Les membres en seront nommés par les
assemblées départementales. ¶ 9.

125. Les conseils de département et d'arrondissement et les
conseils coloniaux s'assemblent tous les ans aux époques et
pendant le temps fixés par le directeur, et, à défaut, par le
corps législatif réuni en assemblée nationale. — Le conseil
communal est convoqué par le maire, et, à défaut, par les
adjoints. — Il se réunit chaque fois que les affaires le nécessitent.

126. Les budgets départementaux et communaux sont soumis à l'appréciation de l'autorité départementale, et les budgets coloniaux à l'appréciation du gouverneur de la colonie.—
Dans tous les cas, le directeur ne peut augmenter les charges,
mais il peut, pour prévenir ou arrêter des entraînements oné-
reux, restreindre ou modifier les budgets locaux.

Magistrature.

127. La magistrature judiciaire et administrative est inamovible. — Néanmoins aucun magistrat ne peut se prévaloir
de son inamovibilité devant le jury national dans les trois cas
de forfaiture, d'inconduite ou d'incapacité notoires.

128. La magistrature judiciaire se compose :

1° Du jury national ;

2° Du tribunal de cassation ;

3° Des tribunaux d'appel ;

4° Des tribunaux de première instance ;

5° Des tribunaux de commerce ;

6° Des justices de paix ;

7° Des chambres de prud'hommes.

129. En matière civile, commerciale, correctionnelle et criminelle, le jury et les tribunaux désignés sous les n°s 2, 3, 4, 5 et 6 conservent leur organisation actuelle. ¶ 10.

Jury national.

130. Le nombre des membres du jury national est indéterminé. — Chaque assemblée départementale nomme autant de jurés nationaux que le département compte de fois cinq cent mille âmes. — Toute fraction au-dessous de deux cent cinquante mille est réputée nulle. — Toute fraction au-dessus de deux cent cinquante mille compte pour cinq cent mille. ¶ 11.

131. Pour être juré national il faut être électeur, domicilié depuis une année dans le département ou dans la colonie, âgé de quarante ans révolus, licencié dans une des facultés, ou remplir une des conditions suivantes :

1° Avoir été maire d'une commune de dix mille âmes pendant cinq ans, ou maire d'une commune de cinq mille âmes pendant dix ans ;

2° Avoir été élu deux fois membre du corps législatif, trois fois d'un conseil départemental, ou quatre fois d'un conseil d'arrondissement ;

3° Avoir servi dix années dans le grade de capitaine ou autres supérieurs, dans le grade de lieutenant de vaisseau ou autres supérieurs, ou bien avoir servi dix années dans les administrations publiques comme rédacteur, commis de premier rang ou dans des fonctions supérieures ;

4° Avoir été pendant dix années soit notaire, soit juge dans un tribunal de commerce, soit président d'une chambre de prud'hommes, ou bien il faut avoir exercé pendant dix ans une profession libérale quelconque, scientifique, agricole, industrielle ou commerciale.

132. Le jury national se renouvelle par cinquième chaque année, en même temps que le tribunat, et de la même manière. — S'il arrive qu'un juré sortant siége pour une affaire dont les débats soient commencés, il continue de siéger jusqu'à-près le jugement.

133. Il y a incompatibilité entre les fonctions de juré national et toute autre fonction publique.

134. Les degrés de parenté et d'alliance interdits aux magistrats sont interdits aux jurés nationaux.

135. Les jurés nationaux jouissent de l'inviolabilité et des garanties stipulées par les articles 43 et 44. — Ces garanties ne cessent de subsister que trente jours après qu'ils sont sortis de fonctions.

136. Ils ne peuvent être traduits que devant le tribunal d'appel siégeant en audience solennelle avec vingt-quatre jurés, après que la mise en jugement a été autorisée. — Sauf la désignation du tribunal, les articles 45 et 46 sont applicables.

137. Les jurés nationaux reçoivent la même indemnité que les membres du corps législatif. — L'indemnité est annuelle comme leurs fonctions

138. Le jury national élit tous les trois mois un président et deux vice-présidents parmi ses membres.

139. Le président dirige et surveille les travaux. — Il a la police de l'enceinte intérieure du lieu où siége le jury national. — Il rappelle les jurés au sentiment du devoir. — Tout juré qui s'absente sans congé ou qui ne remplit pas ses fonctions, est, après trois avertissements, réputé démissionnaire. — Tout juré démissionnaire, ou suspendu par le président sur la proposition du jury d'enquête, ne touche plus l'indemnité et fait partie du cinquième sortant.

140. Le greffe du jury national est organisé comme celui du tribunal de cassation. ¶ 12.

Composition des jurys.

141. Le jury national se partage :
1° En jury d'enquête ;
2° En jury d'accusation ;
3° En jury de jugement.

142. La procédure pour ces trois jurys est la même que pour les tribunaux criminels. — Les citations à comparaître, les mandats d'amener ou de dépôt ont la même force.

Jury d'enquête.

143. Le jury d'enquête se compose de douze membres tirés au sort chaque année par le président, après les élections. — Leurs fonctions sont permanentes. — Au besoin leur nombre est complété par de nouveaux tirages. — Ils peuvent, pour des objets déterminés, déléguer leurs fonctions à des commis-

sions temporaires formées de trois membres tirés au sort. — Partout où se transportent les commissions d'enquête, les autorités et la force armée leur doivent aide et protection. — Elles peuvent requérir le concours des magistrats.

144. Les décisions du jury d'enquête sont prises à la majorité de sept voix. — Ses séances ne sont pas publiques.

Jury d'accusation.

145. Le jury d'accusation se forme pour chaque affaire. — Il se compose de douze jurés sur vingt-quatre tirés au sort par le président. — Le prévenu peut en récuser sept, et le ministère public cinq.

146. Le ministère public est pour chaque affaire requis par le président et tiré du parquet des tribunaux d'appel.

147. Il rend une ordonnance de non-lieu, ou prononce à la majorité de huit voix la mise en jugement. — Ses audiences ne sont pas publiques.

Jury de jugement.

148. Le jury de jugement se forme pour chaque affaire. — Il se compose de vingt-quatre jurés sur quarante tirés au sort par le président. — Le prévenu peut en récuser dix, et le ministère public six.

149. Le ministère public est pour chaque affaire requis par le président et tiré du parquet du tribunal de cassation.

150. Il délibère d'abord sur le fait. — Quand le fait est déclaré constant à la majorité de dix-huit voix, le jury arbitre la peine.—La peine la plus sévère ne peut être appliquée qu'à la même majorité. — Ses arrêts sont souverains.

Compétence.

151. Tout fait ou tout acte qui sort du droit commun et qui se rattache à la politique d'une manière quelconque, est exclusivement de la compétence du jury national.—Seul il connaît:

1° Des complots, délits, crimes et attentats commis contre les assemblées électorales, nationales et électives, contre le corps législatif, contre l'ordre public en matière politique, contre la personne ou l'autorité du directeur; — des cris séditieux proférés par des individus isolés, mais seulement lorsqu'ils se rattachent à un complot;

2° Des délits commis par la presse ou par toute autre voie de publicité, par la parole dans les réunions publiques, en matière politique, en cas d'outrage et de diffamation envers le sénat et le tribunat, envers leurs membres dans l'exercice de leurs fonctions, envers les fonctionnaires publics et les agents de l'autorité dans l'exercice de leurs fonctions. — L'action civile ne peut être disjointe, ni portée devant un autre tribunal ;

3º En matière de finances, des abus, fraudes, malversations, dissimulations, excès de crédit, transports de crédits d'une affectation spéciale à une autre, secours non temporaires indûment accordés à des personnes notoirement aisées ou rétribuées par l'État, perception illégale d'impôts ou de droits non autorisés par une loi actuellement en vigueur, rétributions clandestines exigées ou perçues par des agents de l'autorité compétente, sous prétexte de prompte expédition des actes de leur ministère, ou tout autre ;

4º Des actes inconstitutionnels, arbitraires et vexatoires, des excès de pouvoir, de la violation des droits d'ancienneté pour l'avancement, de l'inexécution des lois non abrogées, de la non-réorganisation des gardes nationaux dans les délais prescrits, des cas de forfaiture commis par les ministres, par les fonctionnaires publics et par les agents de l'autorité dans l'exercice de leurs fonctions ; — du cumul et des sinécures ;

5º Des délits commis par les électeurs dans les cas prévus par la constitution ;

6º Des demandes en autorisation de poursuites contre les fonctionnaires publics et les agents de l'autorité ;

7º Des conflits de compétence entre l'administration publique et les tribunaux ;

8º Des appels comme d'abus ;

9º De la révision pour cause d'erreur des procès en matière criminelle, de la réhabilitation des condamnés reconnus innocents, et des indemnités qui sont dues à eux ou à leur famille.

Attributions.

152. Sont directement portées devant le jury de jugement :

1º Les affaires que lui renvoient le sénat ou le tribunat et le conseil des ministres ;

2º Les demandes en révision formées par le ministre de la justice ou par le tribunal qui a rendu l'arrêt de condamnation. — Quand le jury de jugement a déclaré qu'il y a lieu à prononcer la réhabilitation, il arbitre l'indemnité. — La tenue et la publicité de ses audiences sont réglées par le droit commun.

153. Dans tout autre cas il ne prononce que sur les affaires qui lui sont renvoyées par le jury d'accusation.

154. Le jury d'accusation ne prononce que sur les affaires qui lui ont été soumises par le président après enquête.

155. Le jury d'enquête recherche les faits qui sont de la compétence du jury national ; il soumet à un examen préalable les demandes en autorisation de poursuites contre les

fonctionnaires publics et les agents de l'autorité, et les demandes en révision formées par les parties intéressées. ¶ 13.

156. Le président, réuni en conseil avec les deux vice-présidents, soumet les propositions du jury d'enquête à un nouvel examen. — Quand les faits sont pertinents, il renvoie devant le jury d'accusation. — En cas de doute, il charge d'une plus ample information une commission d'enquête composée de trois membres.

157. Toute mise en accusation entraîne la suspension. — Toute condamnation entraîne la déchéance.

158. Nul document relatif aux affaires closes ne peut être soustrait ni dissimulé au jury d'enquête. — La falsification ou la suppression d'une partie des documents est réputée cas de forfaiture.

159. Les membres du corps législatif et le directeur sont seuls dispensés de comparaître devant le jury d'enquête. — Une commission se transporte près d'eux. — Le directeur lui accorde ou refuse audience.

Magistrature administrative.

160. La magistrature administrative se compose :
1° D'un conseil du contentieux ;
2° D'un conseil des comptes. ¶ 14.

161. Les conseillers du contentieux ne sont compétents que pour les affaires purement administratives. — Leurs audiences sont publiques.

162. Les conseillers des comptes ne sont compétents que pour apurer les comptes de l'Etat, des départements et des communes. — Ils doivent, dans leurs observations, signaler les irrégularités, les abus et les malversations qu'ils ont pu découvrir dans les recettes et dans les dépenses. — Ils doivent dresser quatre états indiquant par ordre alphabétique :
1° Les noms, prénoms, demeures, qualités, fonctions et traitements des fonctionnaires publics, employés et agents de l'autorité salariés par l'Etat, par les départements et par les communes ;
2° Les noms, prénoms, grades et soldes des maréchaux de France, des généraux, officiers d'état-major, officiers de la garde nationale active, des fonctionnaires et employés attachés au service militaire ;
3° Les noms, prénoms, grades, soldes et indemnités des officiers de la garde nationale mobile ;
4° Les noms, prénoms, grades et soldes des amiraux de

France, des officiers et des employés de la marine et des colonies.

Ils doivent indiquer les avantages matériels dont jouissent, outre leur traitement, les salariés ci-dessus désignés.

163. Leurs observations et ces quatre états doivent être remis au sénat, au tribunat, au directeur et au jury national en quatre originaux certifiés.

Budgets.

164. Les budgets de recettes et de dépenses ne sont votés que pour une année. L'année financière commence le 1er juillet et finit le 30 juin. — Ce laps de temps s'appelle un *exercice.* ¶ 15.

165. Les budgets devront être présentés au tribunat à l'ouverture de la session ou dans la quinzaine. —Tout retard engage la responsabilité des ministres.

166. Les budgets devront être établis par nature de recettes et dépenses. — Les détails en seront divisés par titres, chapitres et articles. —Chaque spécialité doit être votée séparément. — Le vote de chaque spécialité n'entraîne pas le vote de l'ensemble. — Le rejet du budget entraîne la déchéance des ministres. — Dans ce cas les chambres votent pour un mois les recettes et les dépenses les plus urgentes.

167. Les administrations ministérielles, départementales et communales devront joindre chacune à leurs budgets, des états nominatifs par ordre alphabétique établis comme il est dit article 162.—Ces états seront remis au conseil des comptes avec les budgets.

168. Les recettes et les dépenses devront être faites conformément aux spécialités des budgets. — Toute recette et toute dépense faite en dehors ou en excédant de chaque spécialité est réputée cas de forfaiture.

169. Tout crédit ou toute portion de crédit non employée dans le cours d'un exercice, est annulée.

170. Les lois qui établissent des recettes ou dépenses quelconques doivent être rappelées chaque année dans le budget et maintenues expressément, sinon elles sont censées abrogées.

171. Tout citoyen peut refuser de payer les contributions et les droits qui ne sont pas compris dans le budget annuellement voté ou dans les lois annuellement rappelées et maintenues par le budget.

172. Le président du conseil des ministres est tenu, sous sa responsabilité, de joindre chaque année au budget trois bilans comprenant, d'un exercice à l'autre, avec détails et observations :

1° La situation financière passive et active ;

2° La situation estimative de l'actif immobilier ;

3° La situation estimative de l'actif mobilier. — Il ne sera porté dans le budget public que la somme totale de ce bilan. — L'état détaillé par entrée et sortie, avec les existences de toute nature, du matériel de guerre et de marine, ne sera remis qu'au conseil des comptes. — La communication n'en pourra être refusée aux commissions nommées par le tribunat et le sénat pour l'examen du budget, ni au jury d'enquête.

173. Toute demande de crédit supplémentaire ou extraordinaire entraîne l'ouverture du corps législatif. — Le rejet de ce crédit entraîne la déchéance des ministres qui en ont fait la demande. — Le sénat ou le tribunat peuvent ordonner leur mise en jugement.

Force armée.

174. La force armée est instituée pour défendre l'Etat contre les ennemis du dehors et pour assurer au dedans le maintien de l'ordre et l'exécution des lois.

175. La force publique est essentiellement obéissante ; nul corps armé ne peut délibérer.

176. La force publique se partage en trois classes :

1° La garde nationale active ;

2° La garde nationale mobile ;

3° La garde nationale sédentaire.

177. La garde nationale active est composée des jeunes citoyens qu'une loi spéciale appelle chaque année sous les drapeaux pour le service de terre et de mer. ¶ 16.

178. Le commandement général des armées ne peut être, ni sur terre ni sur mer, conféré à un seul homme. — Les commissions de commandants en chef sont temporaires et révocables à volonté.

179. Le grade le plus élevé dans les armées de terre est celui de maréchal de France, et dans les armées de mer celui d'amiral de France. — Ces deux titres sont égaux en prééminence, droits et honneurs. ¶ 17.

180. Il ne peut y avoir plus de quatre maréchaux e plus de deux amiraux de France.

181. Tant que nul officier ne remplira les conditions exigées par une loi organique, les vacances resteront en expectative.

182. Les honoraires affectés à la dignité de maréchal de France ne sont pas des traitements , mais la rémunération nationale de services éminents.

183. La garde nationale mobile est composée des jeunes citoyens qui n'ont pas été appelés au service actif ou qui en sont ·libérés. ¶ 18.

184. La garde nationale mobile, sous les armes, est soumise à la même discipline et aux mêmes punitions que la garde nationale active. — Les citoyens impropres au service actif ou exemptés de ce service en sont exemptés.

185. La garde nationale mobile se forme par compagnies de cent vingt hommes au moins, et par bataillons de huit compagnies. — Chaque bataillon a une circonscription déterminée comprenant une ou plusieurs communes limitrophes. ¶ 18.

186. Chaque bataillon dans sa circonscription est exercé aux manœuvres. — Il fait le service de police et de sûreté.

187. Quand un bataillon est appelé à servir hors de sa circonscription, il reçoit la même solde et les mêmes prestations que la garde nationale active.

188. Les bataillons se forment en légions. — En temps de guerre les légions sont mises en activité en nombre suffisant. — Les légions ne passent les frontières que pour poursuivre et chasser au loin une armée d'invasion.

189. La garde nationale mobile est sous les ordres du ministre de la guerre.

190. La garde nationale sédentaire est sous les ordres du ministre de l'intérieur. — Elle est composée des citoyens qui ont atteint l'âge fixé pour sortir de la garde nationale mobile. ¶ 18.

191. L'Etat ne fournit que l'armement aux gardes nationaux mobiles et sédentaires.

192. L'uniforme doit rappeler l'origine commune, mais indiquer à quelle classe appartient le citoyen qui en est revêtu. — L'uniforme n'est obligatoire dans les communes rurales que pour les bataillons mobiles. ¶ 18 à 25.

193. La garnison de Paris, parmi les forces dont elle est composée, doit toujours avoir une compagnie de gardes nationaux mobiles de chaque département. — Ces compagnies sont formées en légions dites départementales. — Elles se relèvent tous les six mois. — Des casernes leur sont spécialement affectées.

Dispositions diverses.

194. La liberté de conscience n'est soumise à aucune restriction. — Les cultes sont libres. — L'exercice des cultes n'est soumis qu'aux lois et règlements de police. — L'état ne salarie que les ministres des cultes légalement reconnus par une loi spéciale. — La déclaration d'abus entraîne la suspension du traitement pour un temps fixé par la déclaration. ¶ 26.

195. Il n'y a pas de titre sans fonctions. — Nul ne peut être titulaire de fonctions qu'il ne remplit pas. — Nul ne peut toucher les traitements de deux fonctions ni intégralement ni en partie. — Nulle fonction publique n'est héréditaire. — La vente et l'achat d'une démission sont des cas de forfaiture. ¶ 27.

196. Les réunions politiques sont soumises aux lois et règlements de police. — Elles ne peuvent se tenir qu'à huis ouvert. — Les délits qui y sont commis par la parole sont assimilés aux délits commis par la voie de la presse. — Les réunions clandestines sont assimilées aux complots. — Les réunions sur la voie publique sont assimilés aux attroupements.

197. La vénalité des charges et offices ministériels n'existe pas en droit. — La concession qui en est faite est personnelle et à titre gratuit. — Les officiers ministériels ne peuvent prendre d'honoraires en sus des émoluments alloués par le tarif, sauf quand il s'agit d'actes pour lesquels leur entremise n'est pas obligatoire. — Tout mémoire de frais contenant demande d'honoraires en sus des émoluments, ou des émoluments qui excèdent le tarif, entraîne la première fois la suspension pour un temps fixé par le tribunal dont ils relèvent, et, en cas de récidive, la destitution.

198. Les substances alimentaires de première nécessité sont affranchies de tous droits.

199. Les contributions directes et indirectes doivent porter sur les moyens acquis plus que sur les moyens d'acquérir. — Elles doivent suivre la progression des moyens acquis.

200. Les traitements sont le prix du travail, les services sont rémunérés par l'honneur. — La Légion-d'Honneur est maintenue. La décoration est décernée à titre de récompense nationale pour faits d'armes mis à l'ordre du jour d'un corps, pour trait de dévouement, œuvre littéraire, scientifique, artistique, découverte, invention, travaux d'une utilité générale hors ligne ou qui ajoutent à la gloire de la nation. — La dotation est la même pour tous les grades ; elle n'est due que dans les cas ci-dessus. — Hors de ces cas, nul ne peut l'obtenir qu'après vingt ans de services méritoires, et n'a pas droit à la dotation. ¶ 28.

201. Ne sont pas réputés traitements les pensions et autres avantages décernés à titre de récompense nationale, ni les honoraires des membres de l'Institut, ni les indemnités al-

louées aux officiers en retraite qui rendent de nouveaux services militaires, ni les gratifications qui sont accordées aux citoyens dans les cas ci-dessus énoncés.

202. L'instruction primaire est obligatoire. — Les pères et les mères qui n'envoient pas leurs enfants aux écoles primaires ne peuvent recevoir aucun secours public ni être employés aux travaux publics. — Les communes doivent le logement aux instituteurs primaires. — Les instituteurs primaires doivent les mêmes soins et la même instruction à tous les enfants. — Les membres des conseils communaux désignent les enfants qui ont droit à l'instruction gratuite. — Les enfants par eux désignés doivent être l'objet de leur sollicitude. — Ceux de ces enfants qui se distinguent par leur bonne conduite et par leur assiduité au travail, reçoivent une récompense. ¶ 29.

203. Sont déclarés coupables de forfaiture tout fonctionnaire public et tout chef de la force armée qui obéiraient dans les cas suivants :

1° Si le directeur sortant requiert, après l'élection de son successeur, un acte d'autorité quelconque;

2° Si le directeur en exercice requiert l'exécution d'un acte d'autorité non-contresigné par le ministre dont il relève;

3° Si le directeur en exercice ou toute autre personne requiert l'exécution d'un acte d'autorité contresigné, mais manifestement attentatoire à la constitution, soit que cet acte supprime ou dénature un corps constitué, soit qu'il prolonge la durée du directoriat, soit qu'il change la forme du gouvernement.

204. La révision du présent titre ne peut être faite que par l'assemblée élective composée comme il est dit art. 105. — L'assemblée élective devra être convoquée en vertu d'une loi spéciale qui déterminera les articles soumis à la révision. — Il ne pourra, sous peine de nullité, être délibéré sur aucun autre article.

205. L'indemnité allouée aux membres du corps législatif et du jury national est incessible et insaisissable.

206. Les inscriptions de rentes sur l'État et les actions industrielles sont, après décès, assujetties au même droit de mutation que les immeubles, calculé sur le capital d'après le cours moyen au jour du décès. ¶ 30.

207. La dette publique et les propriétés de toute nature sont garanties. — Nul ne peut être exproprié que pour cause d'utilité publique et moyennant indemnité.

208. Il ne peut y avoir de corps constitués que ceux qui sont ci-dessus établis.

209. Sont abrogées les lois antérieures en ce qu'elles ont de contraire au présent acte constitutionnel.

TITRE SECOND.

DISPOSITIONS NON PERMANENTES.

1. Une loi organique déterminera le régime auquel il sera nécessaire de soumettre temporairement l'Algérie et les colonies. — Le régime exceptionnel devra tendre à se rapprocher du régime commun.

2. Le sénat et le tribunat peuvent chacun se former en comité secret sur la demande écrite de vingt-cinq membres.

3. Jusqu'à la promulgation d'une loi organique sur l'Algérie et sur les colonies, l'Algérie nomme au moins cinq tribuns, et chaque colonie en nomme au moins deux.

4. Jusqu'à la promulgation de la loi ci-dessus désignée, l'Algérie nomme au moins deux sénateurs, et chaque colonie en nomme un au moins.

5. Une loi spéciale règlera le train de maison du directeur et du directeur adjoint. — Elle déterminera une résidence d'été pour le directeur et pour le directeur adjoint. — Après la révision du Code pénal, si la peine de mort est abolie, la loi pourra supprimer le droit de grâce et de commutation de peine.

6. Il y a huit départements ministériels :
1° Le département des affaires extérieures ;
2° Le département des affaires intérieures ;
3° Le département des finances ;
4° Le département de l'instruction publique ;
5° Le département de la justice ;
6° Le département de la guerre ;
7° Le département de la marine ;
8° Le département des travaux publics.

7. Une loi organique déterminera le personnel de ces huit départements. — Elle règlera leurs attributions respectives. — Elle y rattachera les cultes, l'agriculture, l'industrie, le commerce, les sciences, les beaux-arts, l'imprimerie nationale et autres administrations spéciales.

8. Une loi organique déterminera, en raison de la population, le nombre des membres des conseils départementaux, des conseils d'arrondissement et des conseils communaux.

9. Une loi organique déterminera provisoirement le nombre des membres des conseils coloniaux et le système d'élection.

10. Une loi organique généralisera l'institution des prud'-hommes. — Elle règlera la police judiciaire, et fixera un délai pour payer les amendes avant tout frais.

11. Jusqu'à la promulgation de la loi désignée article 3, l'Algérie nomme au moins trois jurés nationaux, et chaque colonie un au moins. — Le nombre des membres à élire par l'Algérie et par chacune des possessions outre-mer, tant pour le corps législatif que pour le jury national, sera déterminé en raison de la population, de l'étendue du territoire, et de l'importance agricole et commerciale de chaque colonie.—Les colonies ne peuvent avoir d'autres délégués que les membres du corps législatif par elles nommés.

12. Provisoirement les droits de greffe du jury national sont les mêmes que ceux du greffe de première instance. — Il devra être fait un nouveau tarif pour tous les droits de greffe, pour tous les actes des officiers ministériels, et pour tous les actes notariés. — Ces droits devront être réduits.

13. Jusqu'à la promulgation d'une loi sur la matière, les demandes en révision de procès criminels formées par les parties intéressées, sont réputées nulles, si elles ne sont accompagnées de l'autorisation du président du tribunal qui a rendu l'arrêt de condamnation, ou des avis motivés et pris après délibération du barreau qui occupe près dudit tribunal, et de deux autres barreaux voisins. — Ces trois barreaux doivent soutenir leur avis devant le jury national par l'organe de leurs bâtonniers ou de trois délégués. — Quand ils ont agi légèrement, ils encourent la censure.

14. Une loi organique déterminera l'organisation du conseil du contentieux et du conseil des comptes. — Elle fixera le nombre de leurs membres.

15. Le premier budget doit être voté pour le nombre de mois nécessaire afin que les exercices suivants commencent et finissent aux époques fixées.

16. L'âge des citoyens appelés dans la garde nationale active, la discipline, la forme des jugements et la nature des peines sont déterminés par des lois organiques.

17. Une loi organique déterminera les droits et honneurs attachés au grade de maréchal et d'amiral de France. — Entre autres conditions exigées pour parvenir à cette dignité, la loi devra poser en principe, que nul ne peut y être élevé s'il n'a dix ans de grade comme général de division ou comme amiral, s'il n'a cinq fois commandé en chef, remporté de grands avantages sur les ennemis et rendu de grands services. — En cas de services extraordinaires et mémorables, il pourra être dérogé à ces conditions par une loi spéciale et à titre de récompense nationale.

18. Une loi organique déterminera la durée du service des trois classes de la garde nationale. — La loi déterminera la circonscription de chaque bataillon mobile. — L'uniforme est fourni aux gardes nationaux mobiles, qui n'ont pas le moyen de s'en pourvoir, par une masse départementale. — La masse départementale est formée par le montant des droits ci-après mentionnés, et en cas d'insuffisance un tiers par l'état, un tiers par les départements et un tiers par les communes. — La loi fixera le taux des droits à payer pour obtenir la faculté de se faire remplacer dans le service actif et mobile, et le taux des amendes pour infraction au service. — Le montant des droits et des amendes sera versé par département à la masse départementale.

19. Les gardes nationaux mobiles ne sont astreints à faire l'exercice qu'une fois par semaine. — Sauf les cas extraordinaires, les services commandés doivent leur laisser le temps de vaquer à leurs travaux au moins cinq jours par semaine.

20. Les officiers en retraite qui prennent du service dans les bataillons mobiles reçoivent, outre leur pension, une indemnité égale au cinquième de la solde d'activité.

21. Les sous-officiers sortis d'activité qui sont promus au grade d'officier dans les bataillons mobiles, reçoivent une indemnité égale aux deux cinquièmes de la solde d'activité. — Ils concourent pour l'avancement.

22. Nul ne peut être promu officier dans les bataillons mobiles s'il n'a, par son industrie ou par sa fortune, des moyens de subsistance.

23. Dans les villes qui arment une ou plusieurs légions sédentaires, la pension des majors et adjudants-majors et l'indemnité qui leur est allouée ne peuvent excéder les quatre cinquièmes de la solde d'activité.

24. L'effectif de l'infanterie de la garde nationale active est de cent quarante-quatre mille hommes partagés en cinquante régiments, trois bataillons par régiment, huit compagnies de cent vingt hommes par bataillon.

25. L'effectif des armes spéciales est calculé en raison du nombre nécessaire pour six cent mille combattants.

26. Le traitement le plus élevé des ministres des cultes ne peut excéder plus de huit fois le traitement le plus bas. — Les communes leur doivent le logement.

27. Ne sont révocables à volonté que les agents de l'autorité dont les fonctions se rapportent à la politique et à la police, et les principaux fonctionnaires qui correspondent ou qui travaillent avec les ministres. — Une loi organique déterminera l'état, l'avancement, les causes de révocation des employés ; leur recours contre des destitutions arbitraires et les conditions d'admissibilité dans les emplois et fonctions publics.

28. Une loi organique réglera l'institution de la Légion-d'Honneur ; elle devra, entre autres conditions, maintenir les dispositions du titre 1, art. 200.

29. Une loi organique réglera l'instruction publique dans toutes ses parties. — Elle instituera un conseil disciplinaire, inamovible comme la magistrature. — Ce conseil prononcera sur les demandes en suspension et en destitution des membres de l'instruction publique secondaire, et sur les plaintes formées contre eux.

30. Chaque transfert et inscription de rente et d'actions industrielles est soumis à un droit égal à deux quinzièmes de 1 p. 0,0 du capital calculé au cours moyen, payables l'un par le vendeur, l'autre par l'acquéreur.

Toute opération à terme est prohibée.

Les agents de change devront, sous peine de révocation, tenir un registre-journal conformément aux prescriptions du Code de commerce.

31. La révision du présent titre est faite par le corps législatif.